Mitarbeitergespräche führen

Ronny Behr

Ronny Behr
Rottwerndorfer Str. 44
01257 Dresden
info@ronnybehr.de

Tag der Erstveröffentlichung: 15.02.2016
ISBN-13: 978-1530035625
ISBN-10: 1530035627

VORWORT

Als ich mich zur Führungskraft weiterentwickelt habe, stand ich irgendwann natürlich auch vor der Aufgabe ein Mitarbeitergespräch durchzuführen. Meine Güte, war ich aufgeregt. Ich wurde natürlich im Vorfeld oft begleitet und habe viel Feedback bekommen, doch das erste Mitarbeitergespräch ganz allein durchzuführen ist dann doch schon etwas Anderes. Im Großen und Ganzen hat auch alles geklappt. Ich merkte, dass die Aufregung unbegründet war. Mit ein paar Grundregeln bewaffnet, schafft man jede Art von Gespräch mit dem Mitarbeiter. In diesem Buch zeige ich Dir ein paar Rahmenbedingungen. Du wirst sofort loslegen können. Wie in jeder meiner Veröffentlichungen erhältst Du auch in diesem Buch sofort anwendbares Wissen.

Viel Erfolg beim Umsetzen!.

INHALTSVERZEICHNIS

Ronny Behr

GRÜNDE FÜR EIN MITARBEITERGESPRÄCH

Ein Mitarbeitergespräch ist eine Deiner wichtigsten Aufgaben als Vorgesetzter bzw. Führungskraft. Ich möchte Dir in diesem Buch einige Rahmenbedingungen vorstellen, die Dir helfen sollen, Mitarbeitergespräche souverän zu meistern.

Wenn es in meiner Arbeit darum ging, Führungskräfte als Mentor im Personalgespräch zu begleiten, kam oft die Frage zur Vorbereitung dieses Personalgespräches auf. Auch die Frage, wie man Mitarbeitergespräche führen soll ist, gerade für junge Führungskräfte, entscheidend. Entscheidend deswegen, weil eben diese jungen Führungskräfte eine gewisse Unsicherheit haben und durch eine Antwort auf die Frage mit einem besseren Gefühl in das Mitarbeitergespräch gehen.

Dabei ist das Wie nur ein Werkzeug.

Viel wichtiger ist das Warum. Es gibt verschiedene Anlässe um mit dem Mitarbeiter planmäßig oder außerplanmäßig zu sprechen.

Die möglichen Gründe für ein Mitarbeitergespräch sind vielfältig. Beginnen wir also erst einmal mit ein paar Grundlagen und theoretischen Ansätzen.

Jahresgespräch

In vielen Unternehmen ist es üblich, mindestens einmal pro Jahr ein geplantes Jahresgespräch durchzuführen. Hierbei geht es um die Bewertung des Mitarbeiters, Feedback zur Leistung, Zielvereinbarungen für das kommende Jahr, aber auch um Feedback durch den Mitarbeiter zur Arbeit bzw. Zusammenarbeit.

Als Führungskraft solltest du immer die Gelegenheit nutzen Feedback zu erhalten. Das Jahresgespräch ist eine mögliche Gelegenheit. Beim Jahresgespräch solltest Du unbedingt darauf achten, dass Du Deine Zahlen weitestgehend auswendig kennst.

Fokussiere Dich dabei auf Deine wichtigsten Kennzahlen. Die sind natürlich von Branche zu Branche unterschiedlich. In dem einen Unternehmen ist die Anwesenheit des Mitarbeiters der absolute Schlüssel für den Erfolg.

Also liegt hier der Fokus auf Verspätungen, Krankenausfälle, Überstunden und so weiter. In anderen Unternehmen, bspw. an einem Fließband, geht es um Auslastung oder Geschwindigkeit pro Werkstück.

Wie auch immer. Du musst die Kennzahlen zu Deinem Mitarbeiter kennen.

Kritikgespräch

Oftmals wird ein sogenanntes Kritikgespräch genutzt, wenn etwas schiefgelaufen ist. Meist führt man das Kritikgespräch ungeplant durch um dem Mitarbeiter schnell Feedback zu geben. Ich versuche den Begriff

Kritikgespräch zu vermeiden. Er ist negativ besetzt und erzeugt kein gutes Gefühl.

Ich weiß, dass es einige "Berater" gibt, die überzeugt davon sind, dass man Kritik auch als solche deutlich kennzeichnen muss. Ich gehe da in gewisser Weise auch mit. Dennoch empfehle ich hier einfach eine andere "Verpackung".

Es nützt niemandem etwas, wenn der Mitarbeiter total angespannt ist. Ich verwende in diesem Kontext eher Begrifflichkeiten wie "Optimierungsmöglichkeit, Verbesserungspotential, "Chancen ausloten", "Feedback", "alternative Vorgehensweisen", usw.

Man muss ein solches Kritikgespräch ja nicht zwingend mit nur einem Wort beschreiben. In einer möglichen Einladung zum Kritikgespräch könnte auch "Einladung zum Ausloten neuer Chancen" stehen. Dann erhält der Mitarbeiter ein klassisches Sandwich-Feedback und schon ist der Begriff "Kritik" nicht einmal gefallen.

Feedbackgespräch

Das Feedbackgespräch soll nur einem Zweck dienen. Der Mitarbeiter kann ein Feedback bekommen. Ich schreibe bewusst "kann". Als Führungskraft kannst Du Deinen Mitarbeiter natürlich in gewisser Weise zum Termin zwingen.

Doch wenn der Mitarbeiter kein Feedback haben möchte, also im klassischen Sinn, dann wird er Dein Feedback auch nicht annehmen.

Er wird es natürlich hören, doch das daraus resultierende Ziel hat für ihn keine Bedeutung. Es liegt tatsächlich an Dir als Führungskraft, Deine Botschaft so zu vermitteln, dass Dein Mitarbeiter ein Motiv hat, die

Botschaft auch anzunehmen.

Sorge also dafür, dass die Frage im Raum steht, ob der Mitarbeiter ein Feedback haben möchte und unterstütze ihn dabei, dies auch zu bejahen.

Beurteilungsgespräch

Diese Art von Mitarbeitergespräch dient im Grunde auch dem Übermitteln eines Feedbacks. Meist geht es eben nicht nur darum, dem Mitarbeiter ein paar Zahlen vorzulegen, sondern diese Zahlen auch zu erläutern und entsprechende zukünftige Handlungen daraus abzuleiten.

Das Beurteilungsgespräch hat eine wichtige Besonderheit. Schon, weil hier das Wort "Beurteilung" drinsteckt, kann es passieren, dass der Mitarbeiter zum Termin in Begleitung eines Betriebsratsmitgliedes erscheint. Zumindest sofern es einen Betriebsrat gibt. Das ist grundlegend nicht schlimm, aber ein Umstand den Du wissen solltest.

Im Falle von Beurteilungen, etc. hat der Mitarbeiter das Recht den Betriebsrat hinzuzuziehen. Sei also nicht überrascht. Meine Empfehlung für diesen Fall: Binde den Betriebsrat kurzerhand in Dein Mitarbeitergespräch ein. Mach es allgemein und ohne großes Theater.

Zielvereinbarungsgespräch

Ich persönlich unterscheide beim Zielvereinbarungsgespräch noch einmal zwischen zwei Unterarten. Einmal das Zielvereinbarungsgespräch im disziplinarischen Sinn und einmal das Zielvereinbarungsgespräch mit dem Ziel der Personalentwicklung.

Der disziplinarische Ansatz bezieht sich auf

“Vergehen” des Mitarbeiters.

Zum Beispiel bei häufigen Verspätungen oder der Nichteinhaltung von Prozessen oder andere Dinge, die gegen den Arbeitsvertrag verstoßen. In diesen Fällen lade ich den Mitarbeiter zu einem Gespräch.

Nun könnte der Ein oder Andere auf die Idee kommen, dass in diesen Fällen eigentlich eine Abmahnung fällig wäre.

Das kann auch durchaus sein. Aus meiner Sicht ist jedoch die Abmahnung kein besonders schönes Führungsinstrument. Es gibt eine Rüge, ein Schriftstück landet in der Personalakte und der Mitarbeiter ist vielleicht traurig. Alles negative Dinge, die für den Moment wenig bringen.

Bei einem Zielvereinbarungsgespräch geht es um ein sogenanntes “gegenseitiges Übereinkommen”. Man einigt sich also unter vier Augen auf ein bestimmtes Vorgehen. Wie ein Versprechen. Der Mitarbeiter hat hier also eine zusätzliche Chance sich zu beweisen und ein Versprechen ist wesentlich positiver als eine Rüge.

Das Zielvereinbarungsgespräch im Sinne der Personalentwicklung hat im Grunde den gleichen Charakter wie die disziplinarische Zielvereinbarung.

Hier gibt es nur im Vorfeld kein Fehlverhalten im Sinne des Arbeitsrechtes, sondern Du hast als Führungskraft Verbesserungspotential Deines Mitarbeiters erkannt.

Im Zielvereinbarungsgespräch wird letztlich eine Vereinbarung getroffen, bis wann der Mitarbeiter Thema XYZ umgesetzt hat. Etwas später im Buch wirst Du dazu mehr erfahren.

Hygienegespräch

Das Hygienegespräch ist eines der Gespräche, womit sich die meisten jungen Führungskräfte besonders schwertun. Verständlich! Grund ist meistens ein stinkender Mitarbeiter. Ob es dabei um generellen Körpergeruch oder um Mundgeruch geht, spielt keine Rolle. Das Gespräch ist schlichtweg unangenehm. Nicht nur für die Führungskraft, sondern auch für den Mitarbeiter.

Peinliche Minuten sind quasi vorprogrammiert.

Dabei ist das Hygienegespräch gar nicht so schwierig. Mit behutsamen Vorgehen und vor allem bewusst gewählten Worten kannst Du Deine Message recht einfach an den Mann bzw. die Frau bringen. In meiner bisherigen Laufbahn als Führungskraft, also bis zum Zeitpunkt des Schreibens dieses Buches, habe ich ungefähr sieben oder acht solcher Hygienegespräche durchgeführt.

Das ist nicht sehr viel. Einfach weil das Thema nicht so häufig vorkommt. Umso bewusster führte ich die Gespräche durch und achtete auf alle möglichen Details.

Einmal ging es um schmutzige Kleidung, einmal um Mundgeruch und ein andermal um wirklich auffälligen Körpergeruch. Das war auch der häufigste Grund für diese Art von Mitarbeitergespräch.

Ich empfehle hier folgende grundlegenden Punkte. Arbeite im Gespräch bewusst mit Deiner Stimmhöhe und Sprechgeschwindigkeit. Das heißt, rede langsam und betont und senke Deine Stimme.

Einerseits sorgt das für erhöhte Aufmerksamkeit, andererseits hat diese Art zu sprechen eine beruhigende Wirkung auf den Mitarbeiter. Weiterhin empfehle ich Dir, schnell zum Punkt zu kommen. Der Mitarbeiter weiß, dass ihr nicht zu Tee & Gebäck zusammensitzt. Er wartet also auf Deine Themen. Als letztes empfehle ich Dir, im Vorfeld schon ein paar Umschreibungen, Wörter und so weiter zurecht zu legen. Beim Schreiben eines Buches ist das leider immer recht schwierig in Worte zu fassen. Trotzdem hier ein allgemeines Beispiel, welches Dich auf die richtige Spur bringen soll.

"Herr Meier, ich habe heute ein recht sensibles Thema mitgebracht. Ich muss sagen, es gefällt mir sehr gut, dass wir beide immer so offen und ehrlich miteinander umgehen können. Die letzten Wochen waren für uns alle sehr anstrengend. Das Weihnachtsgeschäft fordert sehr viel von uns. Mir ist aufgefallen, dass Sie wahrscheinlich immer sehr doll schwitzen. Man merkt das am Geruch. Ich dachte mir, ich gebe Ihnen mal einen kleinen dezenten Hinweis unter vier Augen, damit Sie das wissen. Ich habe schon mal gelesen, dass manche Menschen, trotz regelmäßigem Duschen, einfach mehr transpirieren. Kennen Sie das auch?"

Damit ist Deine Botschaft raus. Nun ist der Mitarbeiter dran.

Es wird ihm unangenehm sein. Aber er weiß nun, dass Du es weißt. Ich platziere hier auch bewusst dritte Personen im Text. (andere Menschen). Das nimmt ihm ein klein wenig die Scham. Solltest Du in die Situation kommen, ein zweites Mal mit ihm darüber sprechen zu müssen, zieh die Intensität etwas an.

Erwähne, dass ihr ja schon einmal darüber gesprochen habt. Beschreibe die gleiche Wahrnehmung und biete noch einmal eindringlich Deine Unterstützung an.

Rückkehrgespräche

Diese Art von Mitarbeitergespräch nennt man in manchen Unternehmen auch Return to Work. Mitarbeiter, die aus längerer Abwesenheit an den Arbeitsplatz zurückkehren, sollen den Einstieg schnell und leicht schaffen.

Das Gespräch ist von Neuigkeiten und Updates zu Prozessen rund um die Arbeit geprägt. Außerdem hat ein RtW Gespräch einen wertschätzenden Charakter. Das Rückkehrgespräch ist nicht mit einem betrieblichen Eingliederungsmanagement gleichzusetzen, kann aber Teil davon sein.

Personalgespräch

Das Personalgespräch ist aus meiner Sicht einfach nur ein anderer Begriff für Mitarbeitergespräch. Vermutlich stammt dieser Begriff aus dem 20. Jahrhundert. Ich weiß es nicht. Mitarbeitergespräche sind also zeitlich geplante und fest definierte Treffen zwischen Führungskraft und Mitarbeiter. Die oben beschriebenen Arten von Mitarbeitergesprächen sind natürlich auch kombinierbar.

Um ein Mitarbeitergespräch führen zu können, solltest Du als Führungskraft eine Art Fahrplan haben. Ich möchte Dir an dieser Stelle eine Art Leitfaden zum Führen von solchen Mitarbeitergesprächen mitgeben. Am Ende des Buches gibt es noch eine Checkliste. Diese Checkliste definiert sozusagen den Rahmen und soll Dir helfen, wichtige Punkte nicht zu vergessen.

Die Checkliste hilft Dir, Deinem Mitarbeitergespräch eine gewisse Struktur zu verleihen. Mir ist bewusst, dass es viele verschiedene Ansätze, Ideen und Vorgehensweisen für das Führen solcher Gespräche gibt. Dies alles hier zu verankern ist aus meiner Sicht jedoch nicht nötig. Ich zeige Dir einen Weg, der auch funktioniert. Das ist sozusagen eine Methode von Vielen.

Der Vorteil dieser Methode oder Technik ist die feste aber einfache Struktur.

STRUKTUR EINES MITARBEITERGESPRÄCHES

Für Mitarbeitergespräche gibt es natürlich zahlreiche Gründe und Situationen. Grundsätzlich hat jedes Mitarbeitergespräch die gleiche Struktur. Du beginnst mit einer Einführungsphase (Phase 1).

Am Ende der der Einführungsphase leitest Du zum Kern des Gespräches über. Nach dem eigentlichen Mitarbeitergespräch (Phase 2) gehst Du in die dritte Phase. Den Abschluss (Phase 3).

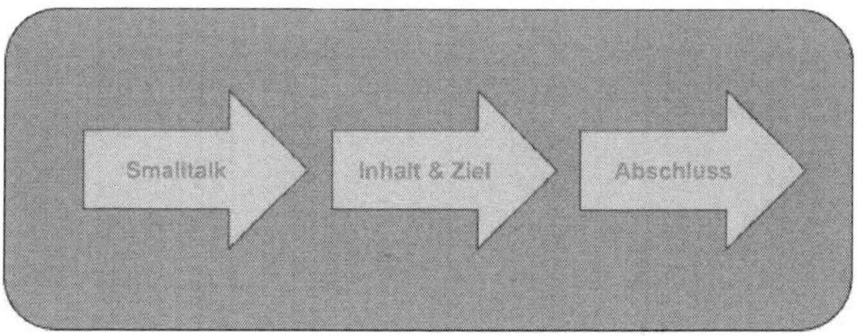

Phase 1 - Einführungsphase

Die Einführungsphase beginnt mit ein paar warmen und herzlichen Worten. Mancher nennt dies Smalltalk, andere bezeichnen es als Warm-up. Nenne es wie Du willst. Die Phase dient im Grunde dem Schaffen einer gemeinsamen Basis. Du erzeugst eine angenehme Gesprächsatmosphäre und stimmst Deinen Mitarbeiter auf die folgenden Themen ein.

Außerdem nimmst Du dem Gespräch die Spannung. Mitarbeiter neigen dazu, vor einem Mitarbeitergespräch aufgeregt zu sein. Mancher erwartet in der Regel Kritik und verschließt sich entsprechend.

Aber auch für die Mitarbeiter, die zwar kein negatives Feedback erwarten, ist ein Warm-up wichtig. Im Grunde geht jeder in ein Mitarbeitergespräch mit einer gewissen Zurückhaltung in den Termin. Die Small Talk Phase wirkt dem entgegen.

Mir hat mal einer meiner Mitarbeiter gesagt, dass dies ja "manipulierend" ist. Ja, das ist es im Grunde. Ich erzeuge hier bewusst eine Phase und steuere diese durch bestimmte Fragen und Themen. Deshalb bin ich ja auch die Führungskraft. Ich helfe dem Mitarbeiter, sich in der Situation beziehungsweise im Termin wohlzufühlen und vor allem sich auch zurechtzufinden.

□

Das Ende der Smalltalk-Phase besteht nämlich aus einer Art Fahrplan für den Termin. Ich nenne die Punkte, die wir gemeinsam besprechen. Dies hilft den Mitarbeitern sich mental auf das dann Folgende vorzubereiten.

Ein weiterer Grund für den bewussten Einsatz einer Smalltalk-Phase ist schlichtweg der Umstand, dass man hier eine tolle Gelegenheit hat mehr über den Mitarbeiter zu erfahren und auch mehr über sich zu erzählen. Lediglich bei einem Mitarbeitergespräch mit ernstem Charakter kürze ich die Smalltalk-Phase ein.

Ansonsten lebe ich sie aus und nutze alle Gelegenheiten die es gibt. Die Smalltalk-Phase selbst, teile ich sogar noch einmal in drei Unterphasen auf. Bewusst! Nennen wir diese Phasen doch einfach wie folgt:

1. Wie geht es Dir
2. Was sind denn so die aktuellen Themen bei den Kollegen / im Job / am Fließband / in der Hortküche / usw.
3. Weil Du es gerade angesprochen hast

Die dritte Phase ist immer meine Überleitung zum Kern des Mitarbeitergespräches. Durch die drei Unterphasen führe ich in der Phase 2 das Gespräch Richtung Arbeit.

Irgendwann kommt automatisch der Punkt beziehungsweise das Thema, welches ich sowieso schon im Vorfeld für das Mitarbeitergespräch geplant hatte. Wenn nicht, dann helfe ich mit ein bis zwei zusätzlichen Fragen noch einmal nach.

Dein Mitarbeiter wird diese Steuerung und auch die Überleitung gar nicht bemerken. Zumindest, wenn er dieses Buch hier nicht kennt.

□

Damit sieht die Struktur nun wie folgt aus

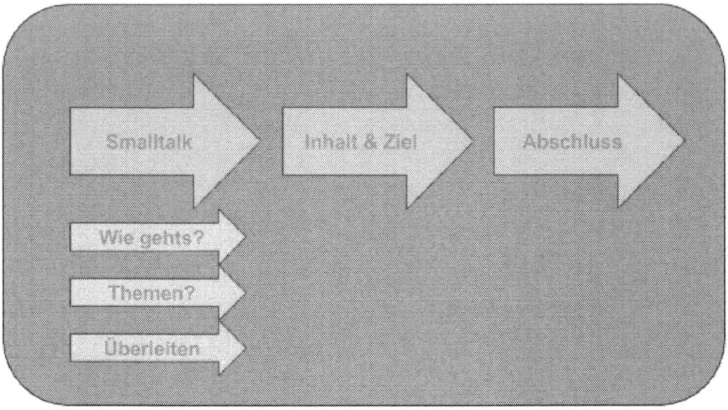

Ich habe die drei kleinen Phasen der Smalltalk-Phase bewusst untereinander und nicht versetzt dargestellt. Versteh sie als Anhaltspunkte oder Bausteine Deiner Smalltalk-Phase in Deinem Mitarbeitergespräch.

Phase 2 - Der Kern des Mitarbeitergespräches

Hier platzierst Du Deine Inhalte oder Themen und bindest Deinen Mitarbeiter entsprechend ein.

Du solltest natürlich vorbereitet sein. Dazu habe ich Dir ein paar Seiten vorher schon Hinweise gegeben. Welchen Techniken oder Methoden Du für den Kern Deines Mitarbeitergespräches einsetzt, überlasse ich Dir. Ich verwende immer mindestens zwei Wahrnehmungskanäle des Mitarbeiters. Das heißt, ich spreche mit ihm (auditiv) und ich male etwas an ein Whiteboard (visuell).

Diese Grundregel setze ich nur bei kritischen Themen (beispielsweise bei Abmahnungsgesprächen o.Ä.) aus.

Die malerische Komponente ist bei zeitkritischen Gesprächen meist ein Flussdiagramm von Links nach Rechts. Steht jedoch mehr Zeit zur Verfügung, also beispielsweise bei einem geplanten Gespräch, nutze ich die "Spinnentechnik".

Meine Mentorin, **die liebe Anni**, hat mir diese Technik gelehrt. (Damals war es eine Sonne und keine Spinne)

Ich habe sie dann später weiterentwickelt und vor allem wichtige Punkte darin definiert. Der Name Spinnentechnik kommt von der Zeichnung, die sich aus dem zu entstehenden Bild ergibt.

In der Mitte ein Kreis von dem dann maximal sechs Beine wegführen. Ich muss zugeben, nur sehr selten sehen meinen Zeichnungen tatsächlich aus wie eine Spinne.

Das macht aber nichts. Hauptsache das Ding hat einen Namen :)

SPINNENTECHNIK

Die Spinnentechnik ist universell und in jeder Situation anwendbar. Im Rahmen eines Mitarbeitergespräches planst Du für diesen Teil ungefähr fünfzehn bis zwanzig Minuten ein. Jeder Schritt ist Absicht.

Der Inhalt ergibt sich aus den Schritten. Der größte Vorteil bei der Spinnentechnik ist die enge Führung durch die Führungskraft ohne das der Mitarbeiter dies merkt.

Am Ende entsteht ein Schaubild, welches nicht nur die Potentiale des Mitarbeiters aufdeckt, sondern gleich ein mögliches Ziel offenbart.

Durch eine Kombination aus Inhalten und Zahlen sind Ziele vor allem für den Mitarbeiter sehr leicht nachvollziehbar und werden vor allem sehr gern angenommen. Die Spinnentechnik schließt Du dann am besten mit einer Zielvereinbarung mit der SMART-Formel ab, ohne dass Du auch nur einmal das Wort SMART in den Mund nimmst.

Welche Utensilien brauchst Du für die Spinnentechnik?

- Stift(e)
- Whiteboard / Flipchart / Blatt Papier

Du merkst schon, es erfordert nur wenig Material. Ich habe bewusst Stift(e) geschrieben. Natürlich kannst Du die Spinnentechnik mit nur einem Stift durchführen. Besser sind drei.

Für die Zeichnung verwendest Du schwarz. Rot und Grün verwendest Du als Signalfarben. Vorab schon kurz erwähnt: Erreicht der Mitarbeiter zehn von zehn Punkten, nimmst Du Grün. Sonst immer Rot.

Nachdem Du nun Dein Schreibzeug bereit hast, überlegst Du Dir Inhalte für Deine Spinne. Vor jedem Mitarbeitergespräch schaust Du Dir natürlich relevante Kennzahlen rund um Deinen Mitarbeiter an.

Die größten Potentiale werden dann Teil Deiner Spinne. Es ist also Deine Aufgabe, die Zahlen zu kennen, die Themen zu kennen und das Gespräch letztlich in diese Richtung zu führen, damit Du einen Ansatz zur Spinnentechnik hast.

Gesprächsführung (im kommunikativen Sinn) ist nicht Teil dieses Buches, Du findest jedoch hier genügend Hinweise, wie Du lenken kannst. Konkret: "Wer fragt, der führt"!

□

Ich erwähnte oben schon, dass die Spinne maximal sechs Beine hat. Das ist wirklich wichtig, damit der Mitarbeiter nicht mit zu viel Themen überfrachtet wird. Wenn Deine Spinne mal nur 4 Beine hat, ist das auch nicht dramatisch.

Weniger als vier Beine würde ich nur in Ausnahmefällen machen. Dann lieber auf ein Feedbackgespräch ausweichen. Schließlich soll ein Mitarbeitergespräch effizient ablaufen.

Jedes Bein steht also für ein Thema beziehungsweise für ein mögliches Verbesserungspotential. Ich habe lange überlegt, welche Beispiele ich hier wähle. Aus der Call Center Branche könnte ich hunderte Beispiele wählen. Ich glaube, die wären für so ein allgemeines und kleines Buch zu komplex.

Dies liegt einfach in der Natur der extrem zahlenlastigen Call Center Branche. Sinngemäß ist es zwar immer der gleiche Ansatz, jedoch bin ich überzeugt, dass eben nur Call Center Mitarbeiter wissen, was wirklich in einem Kundenservicebetrieb passiert. Ich versuche daher ein Beispiel aus dem Paketzustelldienst.

Beispiel

Ein Paketbote hat die Aufgabe, eine bestimmte Anzahl an Paketen pro Tag innerhalb eines fest definierten Bereiches (Zustellbezirk) an den Empfänger zuzustellen. Er muss zwischen Sendungen, die eine Unterschrift erfordern, und Sendungen, die keine Unterschrift benötigen unterscheiden.

Weiterhin muss er sein Fahrzeug selbst beladen. Im Idealfall legt er dabei jedes Paket so in sein Zustellfahrzeug, dass die Reihenfolge der Pakete genau der Reihenfolge der abzufahrenden Straßen entspricht.

Der Paketbote soll so wenig Pakete wie möglich am Ende der Schicht in die Filiale bringen. Das heißt, er soll versuchen eine sogenannte Ersatzzustellung durchzuführen. Außerdem muss er die Pakete seiner Kunden vor fremden Zugriff schützen.

Du hast hier nun also mindestens vier Themen. Nehmen wir einmal an, dass Du bei dem Mitarbeiter in folgenden Punkten Potentiale erkannt hast.

- ☐ Zustellbezirk kennen
- ☐ optimale Beladung des Fahrzeuges
- ☐ mindestens bei einem Nachbarn klingeln
- ☐ Fahrzeug verschließen

Damit hast Du vier Beine Deiner Spinne. Nachdem Du nun die Smalltalk-Phase hinter Dich gebracht und das Gespräch Richtung Spinnentechnik gelenkt hast, stehst Du auf und gehst mit Deinem Stift Richtung Whiteboard oder Flipchart. Sage bewusst "*Herr Meier, lassen Sie uns mal ein bisschen malen*".

Das Malen kennen viele Menschen aus ihrer Kindheit. Das erzeugt automatisch eine positive Stimmung. Achte mal darauf! Jeder Deiner Mitarbeiter wird bei diesem Satz automatisch ein klitzekleines Lächeln um die Mundwinkel herum haben. Vor allem, wenn Du diesen Satz selbst mit einem Lächeln auf den Lippen sagst.

Weiter geht es nun mit dem Thema. Gemeint ist hier sozusagen der Oberbegriff, der Deine Punkte zusammenfasst. Im Beispiel der vorher ermittelten Punkte schlage ich hier das Wort "Zustellung" vor. Alle vier Punkte gehören irgendwie zu diesem Wort bzw. dem Prozess.

Du malst nun den Körper der Spinne an Deine Tafel und schreibst das Wort "Zustellung" hinein. Kommentiere das gern mit einem Satz wie "Reden wir mal über die Zustellung und was dazugehört". Damit passt das Gesagte zu dem was "gemalt" wurde. Male nun ein "Bein" und schreibe Deinen ersten Punkt an das Ende dieses „Beines".

Schreibe nun mit etwas Abstand eine Zehn rechts daneben und kommentiere ungefähr so "*Zur Zustellung gehört es natürlich, dass Sie Ihren Zustellbezirk kennen. Also welche Straßen das genau sind, wo die Grenzen sind und in welcher Reihenfolge sie die Straßen befahren.*

Wenn ich Sie nun nach zehn Ihrer Straßen frage, wie viele davon können Sie beschreiben und mir aus dem Kopf sagen wie man dorthin gelangt?"

Damit bist Du nun schon mittendrin. Gemerkt?

Ich frage an dieser Stelle bewusst nach zehn XYZ. Es geht dabei um das Vergleichen beziehungsweise um das spätere Vergleichbar machen. Es reicht in diesem Fall das subjektive Empfinden des Mitarbeiters.

Sollte er mit seiner Wahrnehmung zu weit von der von Dir im Vorfeld ermittelten Realität abweichen, kannst Du an dieser Stelle immer noch korrigierend eingreifen.

Dein Mitarbeiter wird in vielen Fällen versucht sein, hier eine Zehn von Zehn anzugeben. Wenn das so ist...wunderbar!

Wenn nicht, reicht ein Wort. “Sicher?” Dein Mitarbeiter wird das schon korrigieren.

Nehmen wir an, der Herr Meier sagt zum eben erfragten Punkt, dass er 8 Straßen garantiert aus dem Kopf beschreiben kann. Lobe ihn dafür. Immerhin bedeutet acht von zehn, dass er achtzig Prozent der Straßen auswendig kennt. Schreibe nun die Acht vor die Zehn. Damit hast Du das erste Bein für die erste Runde komplett. Außerdem hast Du den ersten Punkt vorgegeben.

Ab jetzt ist Dein Mitarbeiter dran. Nun soll er selbst auf die restlichen Punkte kommen und diese auch in gleicher Weise “anmalen”. Es ist hierbei Dein Job, den Mitarbeiter genauso zu führen, dass am Ende Deine Punkte auf der Tafel stehen. Wer fragt, der führt!

Übergib also den Stift an Deinen Mitarbeiter und macht die Spinne komplett.

□

Am Ende stehen dort die vier Themen und dahinter jeweils die erreichten Wert. Beispielhaft wie folgt:

- □ Zustellbezirk kennen (8/10)
- □ optimale Beladung des Fahrzeuges (9/10)
- □ mindestens bei einem Nachbarn klingeln (6/10)
- □ Fahrzeug verschließen (2/10)

Tretet gemeinsam und bewusst an dieser Stelle ganz kurz einen Schritt zurück und lasst die Themen und Werte auf euch gemeinsam wirken.

Nimm nun den entsprechenden Stift, in dem Fall Rot, und schreibe überall die Differenzen in Prozent dazu. Also beispielsweise bei (6/10) 40%. Es geht hierbei nicht darum, aufzuzeigen, was der Mitarbeiter schon kann.

Diesen Fehler habe ich unzählige Male im Rahmen von meinen Mentorings und Coachings erlebt. An dieser Stelle interessiert es Dich nicht, dass der Mitarbeiter schon 60% erreicht hat. Du möchtest an dieser Stelle zeigen, dass der Mitarbeiter sich hier um 40% verbessern kann. Das ist ein wichtiger Punkt.

Wenn Du neben dem Lesen dieses Buches Notizen machst, gehört Dies unbedingt auf Deinen Notizzettel.

Dieses Anschreiben der Prozente ist für mich immer eine zweite Runde. Dies machst Du sozusagen schnell und allein. In der dritten Runde gehst Du mit Deinem Mitarbeiter noch einmal von Punkt zu Punkt. Erläutere immer kurz den Punkt und zeige die Verbesserungschance in Prozent.

Am Ende fragst Du einfach, wo der Mitarbeiter das größte Potential für sich sieht. Meistens kommen die Mitarbeiter auch darauf, das Thema mit dem größten Prozentwert zu nehmen.

Wenn das mal nicht so ist hat der Mitarbeiter Dich durchschaut, keine Lust oder es nicht verstanden. Frag einfach nach und lenke!

Hier eine entsprechende Spinne als Beispiel. Natürlich selbst entworfen. Auch wenn das bisher recht technisch wirkte, siehst Du sehr leicht, dass die Spinne kein großes Kunstwerk ist.

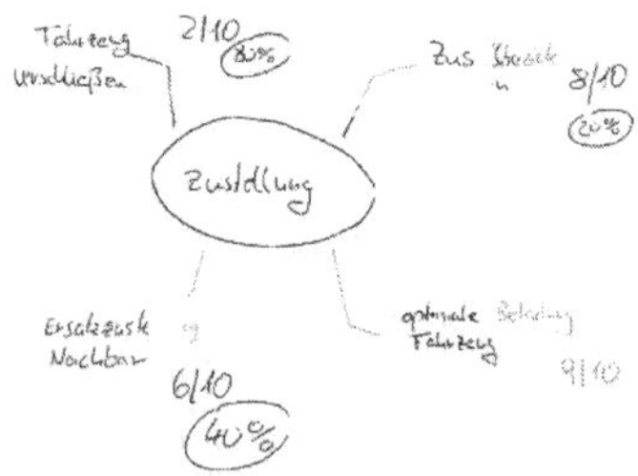

Wenn dann der Mitarbeiter sein Potential erkannt hat, wird es Zeit, den Sack zu zumachen. Ihr einigt euch also auf ein gemeinsames Ziel.

Zielvereinbarungen schließen sich am einfachsten mit der SMART-Formel. Durch die Anwendung von SMART wird ein fester Rahmen gesteckt und der Mitarbeiter kann das Ziel auch wirklich erreichen.

Da SMART hier kein Bestandteil dieses Buches ist, spare ich mir an der Stelle umfangreiche und umständliche Ausführungen dazu. Ich gebe Dir jedoch ein Beispiel, welches die Spinnentechnik nach SMART abschließt.

Sobald also nun der Mitarbeiter sein Potential erkannt hat, beginnst Du mit gezielten Sätzen und Fragen bestimmte Punkte “abzuarbeiten”.

Wichtig ist dabei, dass der Mitarbeiter dies immer mit einem Ja beantwortet. Hier ein beispielhafter Dialog. Hier im Buch wirkt das alles etwas plastisch. In der Realität kannst Du das gern etwas "blumiger" gestalten.

Beispieldialog

Du: (S)
Herr Meier, wir haben nun über die Notwendigkeit gesprochen, die Pakete der Kunden vor Zugriff Dritter zu schützen und das Fahrzeug bei jedem Zustellversuch abzuschließen. Sie haben selbst ermittelt, dass wir hier eine Chance zur Verbesserung von achtzig Prozent haben. Richtig?
Herr Meier:
Ja
Du: (M)
Achtzig Prozent meint hier ja, dass sie bisher nur in zwei von zehn Fällen das Fahrzeug verschlossen haben. Sie schließen nun ab sofort ihr Fahrzeug in allen Fällen und bei jedem Zustellversuch ab. richtig?
Herr Meier:
Ja. Mir war das ehrlich gesagt gar nicht bewusst. Aber ich muss ja nur auf den Knopf der Fernbedienung vom Autoschlüssel drücken. Ich ändere das sofort.
Du: (A)
Genau. Einfach wirklich in jedem Fall die Fernbedienung nutzen. Achten Sie darauf, dass Sie den Schlüssel auch wirklich immer abziehen. Es liegt dabei wirklich nur an Ihnen.
Herr Meier:
Ja. Das mache ich.
Du: (R)
Gibt es bestimmte Punkte, die Sie daran hindern dieses Ziel zu erreichen oder schätzen Sie das als machbar ein?
Herr Meier:
Kein Problem. Ich bekomme das hin und es ist ja auch wirklich wichtig.

Du: (T)
Ganz genau. Lassen Sie uns gern in 10 Tagen noch einmal zusammensetzen und besprechen, wie Sie ihr Ziel umgesetzt haben.

Damit bist Du im Grunde auch am Ende dieser Phase angelangt. Das Ziel ist klar definiert und Dein Mitarbeiter weiß wo er hinmuss. Das Besondere an dieser Vorgehensweise ist die Einigung. Ihr könnt euch gegenseitig immer wieder auf das Gesagte berufen.

Wie bei einem Versprechen!

Phase 3

Die dritte und letzte Phase dient einem vernünftigen Abschluss des Gespräches. Fasse das gesamte Gespräch noch einmal mit ein paar Worten zusammen. Schließe hierbei gern die Smalltalk Phase mit ein. Wichtig ist natürlich, das vereinbarte Ziel auch noch einmal zu benennen.

An dieser Stelle bitte ich den Mitarbeiter sein Ziel noch einmal in eigenen Worten zu wiederholen. Diese Wiederholung kannst Du Dir auch noch einmal schriftlich bestätigen lassen. Falls später etwas unklar sein sollte, könnt ihr beide noch einmal nachschauen.

Damit hast Du das Mitarbeitergespräch einmal durchlaufen.

PRAXISTIPPS FÜR DEINE MITARBEITERGESPRÄCHE

Planvoll Handeln – Emotionen weglassen

Als Führungskraft ist planvolles Handeln eine Deiner wichtigsten Prämissen. Daher sollte auch jedes Mitarbeitergespräch entsprechend vorbereitet und geplant werden. Informiere Deinen Mitarbeiter daher mit einem angemessenen Vorlauf über den anstehenden Termin. So hat er die Möglichkeit sich selbst vorzubereiten und beispielsweise wichtige Fragen und Themen bereit zu halten. Grundlegend solltest Du Deinem Mitarbeiter auch genau darüber informieren, welche Themen der Kern und der Grund für das anstehende Gespräch sind.

Für Dich ist wichtig, dass Du in jedes Gespräch mit allen notwendigen Zahlen und Fakten gehst.

Diese Regel hilft Dir einerseits in jedem Gespräch auf alle notwendigen Informationen zurückgreifen zu können, bewahrt Dich jedoch auch vor vorschnellen und emotionalen Handlungen. Gerade diese emotionalen Handlungen können nämlich auch stark nach Hinten losgehen. Dazu eine wahre Begebenheit:

Ich habe es einmal erlebt, dass eine Führungskraft eine Information über einen seiner Mitarbeiter zugetragen wurde. Diese Information war recht negativ und stellenweise auch emotional bzw. subjektiv. Die Führungskraft ist sofort zu dem Mitarbeiter, hat ihn regelrecht von seinem Arbeitsbereich weggezerrt und zu einem Mitarbeitergespräch bestellt.

Du kannst Dir sicherlich vorstellen, wie sich der Kollege gefühlt hat und was insgesamt bei dem Gespräch herauskam. Nichts.

Der Mitarbeiter war so überrumpelt, dass er komplett dichtgemacht hat und informell und auch emotional nicht in der Lage war, entsprechend konstruktiv zu handeln.

Die Überraschung war ihm anzusehen und die Führungskraft musste letztlich einsehen, dass sie einen Fehler gemacht hat. In diesem Punkt war dann Unterstützung durch einen Kollegen und Nacharbeit notwendig. Also von der unnützen emotionalen Lage beider abgesehen auch noch Verschwendung von Zeitressourcen.

Körpersprache - Ist wirklich alles geklärt?

Achte vor, während und auch nach dem Mitarbeitergespräch auf die Haltung und Körpersprache des Mitarbeiters. Vielleicht ist noch etwas unklar oder es gibt eine gewisse Unzufriedenheit.

Die Körpersprache wird es Dir verraten. Wenn Dir etwas auffällt, zum Beispiel eine bestimmte Mimik, sprich es gern an. Eine ehrliche und offene Frage wird Dir Dein Mitarbeiter garantiert gern beantworten.

Pausen nur bei langen Gesprächen

Solltest Du ein sehr langes Mitarbeitergespräch vor Dir haben, plane entsprechende Pausen ein. Generell halte ich nichts von Mitarbeitergesprächen die länger als eine Stunde andauern.

Die Konzentration lässt nach und auch inhaltlich ist hier sehr viel aufzunehmen. Sollte es dennoch nötig sein, teile Deine geplante Zeit durch zwei und platziere in der Mitte eine Pause von acht Minuten. Du fragst Dich vielleicht, warum es gerade acht Minuten sein sollen.

Genau wegen dieser Frage. Acht Minuten sind absolut

unüblich und werden vom Mitarbeiter viel genauer eingehalten, als wenn Du zehn Minuten wählst. Außerdem reichen acht Minuten für einen kurzen Gang zur Toilette oder für eine kleine Zigarette. Falls Dein Mitarbeiter Raucher ist.

Kaffeepause versus professionelles Gespräch

Verzichte in Deinen Mitarbeitergesprächen auf Goodies wie Kaffee, Snacks, Kuchen, Cola oder Ähnliches. Das lenkt nur ab und das Sprechen wird auch nicht einfacher.

Wenn Du Deinen Mitarbeiter mal mit solch einer Kaffeerunde belohnen willst, mach es eben als zusätzliches Gespräch ohne konkretes Ziel. Auch dabei könnt ihr natürlich über die Arbeit reden.

Vermutlich werdet ihr dabei sogar recht kreativ Ideen austauschen. Doch Ideen sind nur Ideen und keine konkreten Ziele.

Wertschätzung

Ein Mitarbeitergespräch ist für Dich eine der besten Gelegenheiten Deinem Mitarbeiter auch entsprechende Wertschätzung zu zeigen. Leider ist es im Daily Business nicht immer üblich, seine Mitarbeiter zu loben.

Hier hat sicherlich jede Führungskraft Potential nach oben. Auch ich muss mich immer wieder dazu bewusst zwingen.

Jede Führungskraft hat Tag für Tag viele Themen und Probleme zu lösen. Da geht das leider schnell unter. Doch ohne Deine Mitarbeiter würdest Du niemals den Erfolg haben, den Du hast. Sie sind Deine wertvollste Ressource.

Nutze das Mitarbeitergespräch ganz einfach mal auch für ein Danke. Bedanke Dich ehrlich. Such Dir notfalls vor dem Gespräch ein Thema, was dem Mitarbeiter besonders gut gelungen ist. Sprich es direkt an.

Hebe seinen Verdienst hervor. Achtung, wenn Du nicht ehrlich Danke sagen kannst, wird man es merken. Achte also auf einen greifbaren Punkt.

Regelmäßigkeit

Ich hatte im Vorfeld schon ein paar Worte dazu verloren. Es ist wichtig, dass Du Deine Mitarbeiter regelmäßig triffst. Ob Du nun in einer Behörde, einem Kindergarten, auf einer Baustelle oder sonst wo arbeitest spielt keine Rolle.

Diese Regelmäßigkeit hilft Deinen Mitarbeitern, sich selbst zu orientieren. Sie kennen dadurch sozusagen ihren (richtigen) Weg.

Regelmäßige Mbwa-Runden sind daher das Minimum. (Mbwa? - Lies bitte mein Buch über Führungsstile oder besuche meine Webseite http://ronnybehr.de)

Notfallthema

Nicht immer läuft alles nach Plan.

Das ist auch gut so. Es wäre ja sonst wenig spannend. Als gute Führungskraft und Leser dieses Buches gehst Du nun immer vorbereitet in Deine Gespräche. Du hast ein Thema, ein potentielles Ziel und natürlich valide Zahlen dabei.

Doch was machst Du, wenn das alles ein Irrtum ist oder sonst irgendetwas dafür sorgt, dass Du Dein vorbereitetes Thema nicht aufgreifen kannst? In diesem Fall hast Du ein zweites Thema in Petto. Du musst das nicht so akribisch vorbereiten, wie Dein eigentliches

Thema. Ein paar Randinformationen solltest Du aber kennen.

Ich bleibe mal beim Beispiel des Postzustellers oben. Die Punkte der Spinne kann man vereinfacht gesagt zur Kategorie Prozesstreue einordnen. Als Notfallthema könnte man sich nun noch auf Ausfallzeiten oder Verspätungsquoten minimal vorbereiten. Einfach mal diese Zahlen mit anschauen kann nicht schaden.

Individuelle Stärken fördern & Schwächen verringern

Als Führungskraft hast Du viele verschiedene Mitarbeiter. Als Team arbeitet ihr gemeinsam auf ein großes Ziel hin. Was auch immer das ist, Du musst Dir unbedingt bewusstmachen, dass die Leistung der einzelnen Mitarbeiter unterschiedlich ist.

Der eine Mitarbeiter kann die eine Sache besonders gut und der andere eben eine andere Sache. Beide ergänzen sich. Wenn nun der eine Mitarbeiter die eine Sache besser könnte, die er aktuell noch nicht gut kann, würde sich Dein Teamergebnis verbessern.

Vielleicht hast Du in Deinem Team diese Konstellation, dass sich Mitarbeiter sozusagen gegenseitig ergänzen.

Das ist Deine Chance, jedem dieser Mitarbeiter einerseits die Gelegenheit zu geben, seine Stärken zu nutzen und diese dem anderen Mitarbeiter zu vermitteln. Auf der anderen Seite erhält der Mitarbeiter, der bei einem Thema schwach ist, die Gelegenheit zur Verbesserung.

Und das innerhalb Deines Teams. Du musst also keine externen Ressourcen anzapfen und kannst so Deinem

Chef ohne wesentlichen zusätzlichem Einsatz ein besseres Teamergebnis liefern.

□

Vereinfachung Deiner Arbeit – Ressourcen wiederverwenden

Ich empfehle Dir alle Deine Tools, sofern notwendig, stets wiederzuverwenden. Angenommen, du hast mit Hilfe von Excel ein schönes Diagramm für Dein Mitarbeitergespräch erstellt.

Das Diagramm zieht seine Werte aus irgendwelchen Tabellen bzw. Zellen. Es wäre nun Verschwendung, wenn Du beim nächsten Gespräch mit einem anderen Mitarbeiter dieses Diagramm erneut erstellen musst.

Speichere Dir eine Vorlage und verknüpfe notfalls auf eine weitere Datei.

Dadurch kannst Du nun Dein Diagramm immer wieder nutzen und sparst Dir zukünftig viel Zeit. Achtung: Ich kenne Führungskräfte, die sich im Bauen von tollen Excel Tools regelrecht verloren haben. Mach es kurz und knackig.
Vor allem aber einfach nutzbar.

Vorsicht – Nicht einschlafen

In gewisser Weise ist ein Mitarbeitergespräch nicht nur eine sachliche Angelegenheit.
Es liegt bei Dir, aus dem Gespräch auch ein kleines bisschen Entertainment zu machen. Schließlich soll Dein Mitarbeiter auch voll motiviert aus dem Gespräch herausgehen.

Achte auf Deine Stimme. Überdenke Deine Stimmmodulation, Deine Sprechgeschwindigkeit und

Deine Art Sätze zu formulieren. Grundlegend wirkt das Gespräch dynamischer, wenn Du kurze und „greifbare" Sätze sprichst. Ganz nach dem KISS-Prinzip.

Durch Variation der Stimmhöhe und Sprechgeschwindigkeit erreichst Du zusätzlich noch eine der jeweiligen Situation angepassten Gesprächsatmosphäre und wirkst aktiver.

Das wird Deinen Mitarbeiter beflügeln.

In einem Buch ein Beispiel zu liefern ist leider nicht so einfach. Ich habe vor kurzem eine Reportage über so eine Kräuterexpertin Namens Melanie Wenzel gesehen.

Die Kräuter interessierten mich dabei weniger. Viel spannender war die Art wie sie spricht. Voller Enthusiasmus, Überzeugung und Energie.

Bei YouTube findet man jedoch eine Talkrunde in der sie Gast ist.

https://www.youtube.com/watch?v=3mcLu_WWJH4

CHECKLISTE FÜR EIN MITARBEITERGESPRÄCH

[ ] Grund des Gespräches führt zu Rahmenbedingung
[ ] aktuelle Themen geprüft
[ ] Zahlen / Potential bekannt
[ ] Termin gemacht
[ ] Raum / Bereich für das Gespräch vorbereitet
[ ] Flipchart + Stifte besorgt
[ ] Smalltalk-Phase
[ ] Spinne
[ ] Thema gefunden & besprochen
[ ] Ziel vereinbart
[ ] Ziel verstärkt
[ ] Abschluss / Zusammenfassung

WEITERE BÜCHER DES AUTORS

http://amzn.to/1T9WS0t

13689916R00025

Printed in Poland
by Amazon Fulfillment
Poland Sp. z o.o., Wrocław